CONSULTATION

DE

MM. DALLOZ,

DELAGRANGE, HENNEQUIN, DUPIN JEUNE
ET AUTRES JURISCONSULTES,

POUR

LES ANCIENS COLONS DE St-DOMINGUE.

PARIS,

DE L'IMPRIMERIE DE MADAME VEUVE AGASSE,
RUE DES POITEVINS, N° 6.

⁕⁕⁕⁕⁕⁕⁕⁕⁕⁕⁕⁕⁕⁕⁕⁕⁕

1829.

CONSULTATION

POUR

LES ANCIENS COLONS DE SAINT-DOMINGUE.

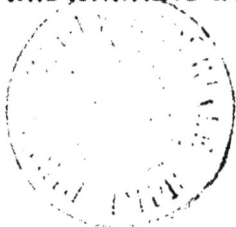

Le conseil soussigné, qui a vu le Mémoire et les pétitions pour les anciens colons de Saint - Domingue; ensemble l'ordonnance d'émancipation de cette colonie, la loi destinée à régler la répartition de l'indemnité stipulée du gouvernement haïtien, et divers documens relatifs aux négociations intervenues entre ce gouvernement et celui de la France;

Consulté sur le point de savoir si le Gouvernement français est garant envers les colons du paiement des 150 millions stipulés à leur profit dans l'ordonnance d'émancipation;

1

Est d'avis que l'obligation de cette garantie existe effectivement pour lui, et qu'il est tenu d'accomplir envers les colons les engagemens qui ne seraient pas remplis par le gouvernement haïtien.

C'est ce que le conseil soussigné se propose d'établir avec les développemens que réclame l'importance de la question et la gravité des intérêts qui s'y rattachent. On va d'abord exposer les faits, et il ne sera point inutile de les reprendre d'un peu haut; car il y a, dans l'histoire même de la colonie, des argumens en faveur des Français que les événemens en ont bannis.

HISTORIQUE

DES ÉVÉNEMENS ET DES NÉGOCIATIONS RELATIFS A L'ÉMANCIPATION DE SAINT-DOMINGUE.

Lorsque Christophe Colomb, cherchant un nouveau monde, rencontra Saint-Domingue, le 4 décembre 1492, cette île portait le nom d'*Haïti*, que la conquête allait lui faire perdre, et que, plus tard, une révolution devait lui rendre.

La beauté de son ciel, la fertilité de son

territoire, les nombreuses rivières qui l'arrosent, la nature précieuse des produits qui y croissent, tout s'y réunissait pour fournir abondamment aux besoins d'une vie douce et facile ; et ses habitans ne refusaient point d'admettre les nouveaux venus au partage de leur heureux séjour.

Mais les Espagnols cherchaient de l'or et non de la terre. Ils se montrèrent là tels que les vit bientôt le continent américain ; leur avidité insatiable et féroce poussa au désespoir un peuple dont le naturel débonnaire aurait supporté, sans murmure, une tyrannie moins oppressive. Les indigènes essayèrent d'opposer la force à la violence. Une partie d'entr'eux fut exterminée dans cette lutte inégale ; le reste succomba rapidement aux travaux et aux misères dont ils furent accablés après leur soumission. Leur race entière disparut en moins d'un siècle. Ils étaient un million lors de la découverte, en 1492. En 1586, il en restait deux cents, pour attester qu'un peuple avait été là avant que des Espagnols y fussent venus.

Le ciel gardait une punition à leurs destructeurs. L'île, d'abord ravagée par une expédition anglaise, fut bientôt conquise par des aventuriers sortis des ports de la Grande-Bretagne et de la France. C'étaient ces Flibustiers, enfans perdus de l'Europe, hommes intrépides et farouches, que n'effrayait aucun péril, que ne rebutait aucune fatigue; qui, sans ambition de la gloire et sans crainte de la mort, accomplissaient obscurément de gigantesques entreprises, et ont laissé à la postérité le souvenir de leurs exploits sans lui transmettre celui de leurs noms.

Les deux troupes, arrivées au même instant par deux côtés opposés, convinrent que chacune d'elles garderait le terrain qu'elle avait parcouru. Elles firent en même temps une alliance offensive et défensive pour s'en garentir mutuellement la possession. Mais nos compatriotes seuls surent s'y maintenir; les Anglais en furent bientôt chassés.

Ainsi, sans le secours de leur patrie, des Français lui gagnaient un riche pays. D'autres Français devaient un jour aussi le défendre avec les seules ressources de leurs bras et de leur courage; mais, moins heureux que leurs devanciers, ils devaient répandre inutilement leur sang pour sa conservation.

La France se montra pendant long-temps indifférente à l'acquisition qui avait été faite.

en son nom par ses hardis sujets. Mais enfin elle entrevit les avantages que pouvait offrir Saint-Domingue sous le rapport de ses produits et de sa position. On songea donc à donner une administration régulière à la partie française de cette île; et, en 1665, elle reçut son premier gouverneur.

A partir de cette époque, la colonie subit une assez longue suite de vicissitudes. Des attaques au-dehors, des révoltes à l'intérieur, l'incapacité de quelques-uns de ses administrateurs, des fléaux dans lesquels périrent les arbres précieux qui faisaient sa richesse, des maladies qui emportèrent une partie de sa population, enfin, les revers des deux compagnies commerciales, à qui son territoire fut successivement cédé, vinrent la désoler tour à tour, et empêcher le développement des germes de prospérité qu'elle portait dans son sein.

Cependant elle résista à toutes ces calamités; au commencement du dix-huitième siècle, elle offrait déjà un aspect florissant, et elle ne tarda pas à parvenir au plus haut point de splendeur.

On ne peut se défendre d'un regret amer

quand on se rappelle le tableau que présentait l'île à ce brillant période de sa fortune.

Située entre deux mondes comme un intermédiaire pour les relations de l'un et de l'autre, centre d'un commerce immense dont elle prenait toutes les matières dans son sol, fréquentée par toutes les nations de l'Europe, elle s'étendait au milieu de l'Océan avec ses riches cultures, ses villes bien peuplées et ses ports remplis de nombreux navires : vraiment digne de ce titre de *reine des Antilles* que n'ont osé lui disputer aucune de ses sœurs de l'archipel! Sur cette terre privilégiée, le négoce semblait avoir perdu ses hasards funestes pour n'offrir que des chances favorables; avoir touché Saint-Domingue, c'était pour ainsi dire avoir abordé la fortune. Dans cet *Eldorado* réel, l'activité et l'industrie trouvaient des mines dont on n'avait point à craindre l'épuisement. Elle épanchait sur nos villes maritimes la source d'une intarissable opulence : et ce n'était pourtant que le trop plein de l'abondance qu'elle prodiguait à ses enfans. Riches entre les riches, les colons n'avaient rien à désirer de ce qui peut être acheté au prix de l'or; et ils avaient aussi

des plaisirs que l'or ne donne pas. Pour
eux les jouissances d'une belle nature s'unis-
saient aux jouissances du luxe. Le sol qui
portait le cotonnier et la canne à sucre nour-
rissait aussi les arbustes odorans et les précieux aromates. Dans ces beaux lieux leurs
jours étaient une succession de fêtes ; et sous
le climat éclatant des tropiques, leur vie
s'écoulait enchantée comme la terre qui les
entourait, comme le ciel qui brillait sur
leurs têtes.

Tels étaient Saint-Domingue et ses heureux habitans, quand une catastrophe aussi
affreuse qu'imprévue vint leur apporter des
revers plus grands que n'avait été leur prospérité. Qu'on leur pardonne ici un souvenir
qu'il ne leur est pas donné d'oublier ! Ce fut
des bords de la mère-patrie que partit le
signal de leurs désastres ; c'est par des voix
françaises que furent déchaînés contre eux
ces Africains qui semblèrent trouver dans
leurs vengeances la férocité des monstres de
leurs déserts. Les derniers représentans des
infortunés qui subirent alors leurs fureurs,
ne raconteront pas combien elles furent
horribles : les contemporains le savent et
l'histoire le dira à la postérité. Elle en a les

incendies, les carnages, la mort prolongée
lentement sous ses formes les plus cruelles,
et tous ces raffinemens de l'art des supplices,
épouvantable industrie des tribus sauvages.
Un mot fera juger cette œuvre de barbarie
et de rage. Quand les députés noirs enten-
dirent à la Convention le récit des crimes
dont quelques-uns de ses membres avaient
désolé nos provinces à une funeste époque,
l'un d'eux s'étonna du saisissement qui se
manifestait autour de lui, et dit froidement :
« Moi en avoir bien fait d'autres à Saint-
Domingue....! »

Au milieu de ces horreurs, parut, en 1794,
une armée anglaise, qui, jusqu'en 1798, fit
de vains efforts pour étendre la domination
britannique sur Saint-Domingue. Les parties
de la colonie où les Anglais avaient été
reçus reprirent bientôt leur ancienne splendeur. Les propriétaires furent rétablis dans
la jouissance de leurs biens; ceux des absens
furent affermés dans l'intérêt de ces anciens
possesseurs, et le gouvernement anglais
achève en ce moment de leur rembourser les
fermages qu'il a reçus pour eux.

Les dépenses qu'avait causées et que devait
entraîner encore cette expédition et le peu

de succès qu'elle promettait déterminèrent le gouvernement anglais à retirer ses troupes au mois d'août 1798; mais auparavant il fit un traité avec Toussaint, chef noir qui commandait dans les parties de la colonie dont les Anglais n'avaient pu s'emparer.

Par ce traité la vie et les biens des anciens propriétaires leur furent garantis; et Toussaint, fidèle à cet engagement, rappela ces propriétaires et rétablit l'ordre et les cultures dans toute la colonie.

En 1802, l'expédition du général Leclerc vint détruire l'ouvrage de Toussaint-l'Ouverture (1). Celui-ci, qui avait été scrupuleusement fidèle à la France, se voyant l'objet de cette expédition, se défendit par le massacre et l'incendie.

La retraite de l'armée française, en 1803, consomma la misère des colons qui avaient

_____

(1) Il n'est pas inutile de rappeler ici que, pendant la courte occupation de la colonie par le général Leclerc, un grand nombre d'habitations appartenant à des colons absens, furent affermées au nom de la république française, comme elles l'avaient été précédemment par le gouvernement anglais; mais, à la différence de l'Angleterre, la France n'a pas tenu compte aux anciens propriétaires des fermages qu'elle a pu percevoir.

échappé aux massacres. Dénués de tout, à peine préservés à demi par l'insuffisante aumône que leur faisait l'impuissante pitié du Gouvernement, ils effrayaient de l'aspect de leur détresse ceux qu'ils avaient éblouis du spectacle de leur opulence ; on les contemplait avec une émotion pénible, en comparant leur sort passé à leur présente destinée : amère dérision de la fortune, ou leçon terrible de la Providence sur les vicissitudes humaines !

Ainsi se traîna leur existence parmi les privations, les besoins et les maux qui sont le cortége de l'indigence, surtout quand elle succède à la richesse : moins malheureux encore par ce qu'ils étaient, que par le souvenir de ce qu'ils avaient été, ils n'avaient, pour opposer à tant de souffrances, que le sentiment de leurs droits et l'espérance, chaque jour plus éloignée, de les voir enfin rétablis.

Cette lointaine perspective d'un avenir meilleur, sembla pourtant se rapprocher d'eux. Quand l'homme, sous l'empire de qui nos voiles étaient emprisonnées dans nos ports par les flottes anglaises, fut tombé de son trône ; quand la France, réconciliée avec l'Europe par le retour de ses souverains légitimes, put montrer son pavillon sur les mers, les colons se réjouirent ; car il ne devait plus désormais se trouver de vaisseaux ennemis entre nous et Saint-Domingue, et nous pouvions enfin porter nos armes sur les rivages de l'île infidèle. Ce droit, d'ailleurs incontestable, nous avait été formellement reconnu par les souverains alliés, dans un article du traité de paix conclu à Paris, le 30 mai 1814.

Mais les événemens du 20 mars absorbèrent pendant un temps toutes les pensées du Gouvernement royal, et l'empêchèrent de tourner ses regards du côté de notre ancienne colonie. Ce ne fut qu'au mois d'août 1816, que l'on songea à la faire rentrer sous la domination du Roi, et que des envoyés officiels partis du port de Brest allèrent tenter une négociation qu'on croyait, en cas de non succès, devoir être suivie d'une expédition armée.

Ils trouvèrent la partie française de l'île divisée en deux états, ayant une sorte d'organisation régulière, dont l'un, sous la forme de république, reconnaissait pour chef le président Pétion ; et dont l'autre, sous celle

d'une monarchie, était tyrannisée par le
nègre Christophe.

Ce dernier, dont le nom odieux sera pré-
servé de l'oubli par le souvenir de ses cruau-
tés, était si stupidement jaloux de son fan-
tôme de royauté qu'il repoussa toutes les
communications, par la seule raison que
la suscription des lettres des commissaires
lui donnait le simple titre de général, et non
celui de majesté.

Pétion était un autre homme. Il écouta
volontiers les ouvertures qui lui furent
faites ; mais il ne les accueillit pas. Les envoyés voulaient lui faire reconnaître la souveraineté de la France ; et Pétion exigeait au
contraire, comme préliminaire indispensable
de tout traité, la reconnaissance de l'indépendance absolue de son pays. La négociation
fut donc rompue. Toutefois, cette tentative
avait disposé à un rapprochement ; elle ne
fut donc pas sans résultat. Les colons doivent
en outre faire remarquer ici, comme une de
ses circonstances intéressantes, que Pétion,
pour le cas où la base qu'il proposait serait
admise, offrit spontanément, au nom de
son gouvernement, une indemnité pour les
ancien planteurs dépossédés. Tant il avait le

sentiment de l'injustice de leur expropriation
et de l'illégitimité de la possession des détenteurs actuels !

Les commissaires revinrent en France ;
et bientôt s'opéra dans l'île une nouvelle révolution. Pétion était mort ; le général Boyer
lui avait succédé dans la présidence. Les
sujets de Christophe, las de son despotisme
et de sa barbarie, secouèrent enfin son joug.
Il se donna la mort. Appelé par les vœux
des habitans du district qu'il nommait son
royaume, Boyer s'en empara et le réunit à
sa république, dont lui-même était le premier
magistrat. Ce petit état comprit alors tout
le territoire autrefois possédé par la France.
Bientôt même la partie qui jusque là était
demeurée fidèle à la domination espagnole
s'y joignit aussi. L'île tout entière ne forma
plus alors qu'une seule souveraineté, sous le
nom de République d'Haïti.

Ce nouvel état de choses favorisait la reprise des négociations, puisqu'on n'avait
plus à traiter qu'avec un gouvernement
unique. Elles furent donc renouées. Mais,
quoique la France consentît alors à se dé-
partir du principe de la souveraineté, cette
concession ne suffit pas pour amener une

conclusion. Du reste, le président d'Haïti offrit une indemnité, comme l'avait fait son prédécesseur. Ceci se passait en 1821.

Une autre tentative, également inutile, fut engagée en 1823 par le général Boyer, qui, en cette occasion, prit à son tour l'initiative.

Enfin, en 1824, de nouvelles négociations s'entamèrent. Des commissaires haïtiens se rendirent à Paris. Un traité semblait prêt à être signé, quand tout fut abandonné encore une fois.

Ce fut alors, et jusqu'au mois de mars 1825, que divers agens de maisons de Hambourg et de Londres firent à plusieurs colons la proposition d'acquérir leurs biens. Ces propositions, qu'on peut présumer avec raison avoir été ordonnées par Boyer, n'eurent aucun résultat, parce qu'on apprit que la négociation, si souvent interrompue, avait été reprise et consommée. En effet, au mois de juillet 1825, M. le baron de Mackau, capitaine de vaisseau, aujourd'hui contre-amiral, porta à Haïti une ordonnance d'émancipation ainsi conçue :

« Voulant pourvoir à ce que réclament » l'intérêt du commerce français, les mal- » heurs des anciens colons de Saint-Do-

» mingue, et l'état précaire des habitans
» actuels de cette île;

» Nous avons ordonné et ordonnons ce
» qui suit :

» ARTICLE 1er. Les ports de la partie fran-
» çaise de Saint-Domingue seront ouverts
» au commerce de toutes les nations. Les
» droits perçus dans ces ports, soit sur les
» navires, soit sur les marchandises, tant à
» l'entrée qu'à la sortie, seront égaux et
» uniformes pour tous les pavillons, excepté
» le pavillon français en faveur duquel ces
» droits seront réduits de moitié.

» ART. 2. Les habitans actuels de la
» partie française de Saint-Domingue ver-
» seront à la caisse des dépôts et consigna-
» tions de France en cinq termes égaux,
» d'année en année, le premier échéant
» au 31 décembre 1825, la somme de cent
» cinquante millions de francs, destinés à
» dédommager les anciens colons qui récla-
» meront une indemnité.

» ART. 3. Nous concédons, à ces condi-
» tions, par la présente ordonnance, aux ha-
» bitans actuels de la partie française de l'île
» de Saint-Domingue, l'indépendance pleine
» et entière de leur gouvernement. »

Tel était l'acte par lequel le Roi aban-
donnait sa souveraineté sur une ancienne
dépendance de son royaume, et légitimait
le démembrement qui en avait été violemment effectué.

Cet acte reçut bientôt son complément
naturel. La loi du 30 avril 1826 fut promul-
guée. Elle régla la répartition, entre les
ayant-droit, de l'indemnité exigée par l'article dernier de l'ordonnance.

Mais il paraît qu'en se soumettant à payer
cette indemnité, le gouvernement haïtien
avait accepté une obligation qui dépassait ses
ressources, ou du moins dont l'accomplissement lui était impossible dans les délais trop
courts qui lui avaient été fixés. Il n'a pu
faire les fonds du premier cinquième qu'à
l'aide d'un emprunt : il est maintenant
en retard des trois autres qui sont déjà
échus, et on n'entrevoit pas pour lui la possibilité de s'en libérer à une époque rap-
prochée.

Ce qui est certain, c'est que les colons
attendent inutilement les trois cinquièmes
qu'ils devraient avoir reçus, et que rien ne
leur fait prévoir l'approche du moment où

ils les toucheront. Or, dans cette incertitude, leur position, déjà si malheureuse, s'aggrave tous les jours; et comme le Gouvernement se montre peu empressé à venir au-devant de leurs besoins, ils veulent savoir s'ils ne sont pas fondés à voir en lui un garant des obligations de la République d'Haïti.

Le conseil soussigné va exposer les raisons qui l'ont déterminé à résoudre affirmativement cette question.

DISCUSSION.

L'obligation de l'Etat envers les colons dérive d'une double source.

Il est leur débiteur, d'abord, parce qu'il a, *de fait*, aliéné la propriété de leurs biens, et, qu'à ce titre, ils ont le droit de lui en demander le prix.

Il est leur débiteur, en second lieu, parce qu'il était tenu de leur en faire recouvrer la possession, et que sa renonciation solennelle à l'accomplissement de ce devoir se résout naturellement en une dette de dommages-intérêts.

Ces deux propositions seront successivement l'objet de deux paragraphes distincts.

2

§ Ier.

Obligation de l'Etat par suite de l'aliénation des héritages des colons.

Quand une nation, usant du pouvoir qui lui appartient sur tous ses membres, impose à quelques uns d'entre eux le sacrifice de leurs propriétés particulières, elle doit les indemniser de la perte qu'elle leur inflige. Ce principe du droit public de tous les peuples, est spécialement érigé en loi du royaume par l'article 545 du Code civil et par l'article 10 de la Charte constitutionnelle. Il n'avait pas besoin de cette promulgation expresse pour devenir obligatoire, car la loi naturelle dit assez que quiconque cause un dommage est tenu de le réparer ; règle d'autant plus applicable aux devoirs des nations, qu'elles sont plus obligées de donner l'exemple de la justice, et que la réparation, alors supportée par une multitude d'individus, est à peine sensible pour chacun d'eux.

Si donc les anciens colons de Saint-Domingue établissent que l'ordonnance d'émancipation, acceptée par Haïti, a formé entre

cette île et la France un contrat dans lequel
leurs héritages ont été nécessairement cédés
à la république par notre Gouvernement; ils
auront par là même prouvé que notre patrie
est débitrice envers eux de la valeur de leurs
propriétés, et qu'elle est obligée par conséquent de leur en payer le prix, à moins que le
gouvernement haïtien ne l'affranchisse de
cette obligation en l'accomplissant à sa place.

Or, c'est là une vérité sensible en elle-
même, et qui paraît pouvoir être facilement
portée au dernier terme de démonstration.

Il est vrai que l'acte par lequel le Roi con-
cède aux Haïtiens l'indépendance de leur
gouvernement ne contient pas les mots de
vente ou de *cession* des propriétés privées,
et ne semble pas ostensiblement s'occuper du
sort des biens qui étaient autrefois possédés
à Saint-Domingue par des Français.

Mais, on le sait, en droit politique comme
en droit civil, les actes s'apprécient par leurs
effets réels et non pas seulement par la lettre
de leurs textes. La raison en est sensible :
c'est qu'en définitive les transactions d'homme
à homme, ou de peuple à peuple, affectent
les intérêts des parties par leurs résultats, et
non par leurs formes. L'ordonnance d'éman-

cipation, bien qu'on n'y lise pas la clause de transfert des propriétés, devra donc être néanmoins tenue pour une aliénation, si elle en a virtuellement les conséquences.

Ainsi, il faut rechercher ses effets ; il y a un moyen aisé de les connaître : c'est de juger ceux qu'ont nécessairement dû vouloir lui faire produire les deux parties contractantes d'après leur position respective au moment du traité. Examinons d'abord celle d'Haïti.

Cette république, dans l'état où elle se trouvait avant la conclusion des négociations entre elle et nous, avait à satisfaire deux grands besoins, auxquels la volonté seule de la France pouvait pourvoir.

Il lui fallait d'abord acquérir, comme état, une indépendance de droit qui lui manquait toujours, en dépit de l'indépendance de fait que les événemens lui avaient procurée. Telle qu'elle était alors, elle se trouvait hors de la loi des nations. Arrivée à la vie politique par une naissance irrégulière, il lui fallait une légitimation pour être admise aux droits qui appartiennent, dans la grande famille de l'humanité, à chaque agrégation d'hommes légalement constituée en corps de peuple. Tous les gouvernemens des empires civilisés pouvaient et, disons mieux, devaient méconnaître le sien : car le droit public du monde entier ne leur permettait de voir dans ses magistrats que les dépositaires d'une puissance usurpée. Ainsi nul ne pouvait recevoir ses ambassadeurs ; nulle part elle ne pouvait envoyer d'agens diplomatiques pour veiller aux intérêts de ses nationaux chez l'étranger. Sur les mers, son pavillon était sans force pour protéger ses sujets et couvrir ses vaisseaux ; et les pirates pouvaient, comme il est arrivé plus d'une fois aux nouveaux états de l'Amérique du sud, de la part des barbaresques, s'emparer de ses navires, en disant qu'ils ne connaissaient point parmi les nations celle dont ces bâtimens portaient les couleurs. Enfin, quelque différée que fût par les circonstances la vengeance de la métropole, dont le joug avait été violemment secoué, elle pouvait cependant éclater un jour, plus terrible, par cela même qu'elle aurait été plus lente ; et des rivages de leur île les Haïtiens apercevaient aux bords de l'Europe l'épée du Roi de France, menaçante et redoutable encore, quoique lointaine.

Telle était la première nécessité qui les pressait, dans la position douteuse où les

avait mis leur affranchissement, opéré par
une révolte : et l'ordonnance du 17 avril 1825
y pourvoyait, en les faisant sortir de cette
condition ambiguë. Libres alors, de l'aveu de
leur souverain, leur liberté était lavée de sa
tache originelle. Ils n'étaient plus retranchés
de la communion des peuples ; chaque gouvernement pouvait légalement ouvrir avec
eux des relations officielles : leur drapeau
devenait un signe auquel toutes les nations
devaient honneur et respect, et sous lequel
ils trouvaient protection et sûreté. Enfin, ils
étaient délivrés à jamais de la crainte de voir
un jour une armée française descendre sur
leurs bords, leur rapportant une servitude
appesantie par la vengeance.

Mais ce n'était pas là la seule inviolabilité
qu'ils eussent besoin d'acquérir ; chez eux la
propriété privée était entachée du même vice
que la propriété publique. Le domaine éminent de tout le territoire et le domaine utile
de chaque héritage étaient affectés de la
même illégalité ; car si le premier avait été
ravi au Roi de France par la rébellion, le
second avait été arraché à des Français par
la violence.

Au moment où leur gouvernement obte-

nait notre sanction pour la possession de
l'un, il ne pouvait donc pas manquer de la
demander aussi pour celle de l'autre : et l'on
comprend les impérieux motifs qui lui com-
mandaient de se faire accorder une même
faveur pour tous les deux. Il y allait du repos
public, du bonheur des individus, et de la
sûreté même de l'état.

Si la simple occupation des Haïtiens détenteurs d'héritages appartenant précédemment
aux planteurs n'était pas transformée par le
traité en une propriété légititime, qu'arrivait-
il? Que la république, devenue notre amie,
et forcée à ce titre, comme tout gouvernement régulier, d'écouter les réclamations de
nos compatriotes contre ses sujets, allait
voir ses tribunaux assaillis d'une multitude
de revendications. Tous les Français qui par
eux-mêmes ou par leurs auteurs avaient droit
à quelque portion du sol de notre ci-devant
colonie, allaient se transporter en Haïti, et
redemander la jouissance de leurs patrimoines. En bonne justice, il n'y avait point
de raison solide à leur opposer, car, d'un côté,
on ne pouvait nier qu'eux ou leurs prédéces-
seurs n'eussent induement été expulsés; et
de l'autre, on sait que dans une cession de

territoire effectuée d'état à état, les propriétés particulières sont toujours réservées à leurs maîtres, un pareil acte n'ayant d'autre objet que l'abdication de la souveraineté.

Quelle était donc alors l'alternative qui allait être offerte au gouvernement haïtien?

Ordonnait-il à ses tribunaux de repousser les justes demandes de nos compatriotes, il violait les lois de l'équité; et, ce qui était ici une sanction plus sûre que celle du témoignage de la conscience, il s'exposait au courroux de notre pays, à qui les Français rebutés ne manqueraient pas de venir rapporter leurs plaintes.

Prescrivait-il à ses magistrats d'accueillir les réclamations des anciens colons, alors quels bouleversemens dans son sein, et quels dangers pour lui!

Quoi donc! il aurait voulu laisser s'engager entre plusieurs milliers de Français et un nombre peut-être double de ses nationaux, une lutte judiciaire où le blanc aurait figuré comme créancier, et l'homme de couleur ou le nègre comme débiteurs? Ouvrir de tels débats, c'eût été donner le signal d'une guerre. Pense-t-on aux animosités qui se seraient réveillées par le seul contact des parties au moment où les

représentans des anciens maîtres et ceux des
anciens esclaves se seraient trouvés en présence? Voit-on arriver ensemble au pied du
même tribunal un vieux planteur et un vieux
nègre se rapportant mutuellement une haine
aigrie, dans l'un, par quarante ans de misère,
exaspérée dans l'autre par l'odieux souvenir
de la servitude?

Ce danger s'offrait trop naturellement à la
pensée du gouvernement haïtien; il ne pouvait vouloir en courir les risques : il ne pouvait être dans sa résolution d'affronter une
responsabilité aussi effrayante. Il savait trop
que la législature de son pays ne lui aurait
pas accordé, après un traité semblable, le
bill d'indemnité dont il avait besoin; il savait
trop que, dans les deux Chambres ainsi que
dans le reste de la nation, il n'y avait ni la
volonté ni le pouvoir de payer deux indemnités à la France, une première en masse, et
une seconde en détail. Il devait donc exiger
qu'au prix des 150 millions qu'il promettait
tout fût terminé entre son pays et le nôtre,
et que l'ordonnance d'émancipation lui fût
remise comme titre de la propriété désormais
incommutable et libre de tous les anciens héritages français à Saint-Domingue.

Maintenant, cette intention de sa part était-elle accueillie par une intention semblable de la part de notre administration ? Et quand, par la prestation stipulée au dernier article de l'ordonnance, le président Boyer entendait acheter la libération du patrimoine de ses gouvernés, le Roi de France entendait-il aussi la lui vendre ? C'est ce dont il n'est pas permis de douter d'après toute la conduite de notre ministère dans cette affaire, et ce que suffirait même à prouver ce qui vient d'être dit.

Le Gouvernement français ne pouvait igno-rer la position du gouvernement haïtien; il n'ignorait pas non plus la situation financière de la république; il connaissait l'état de la richesse publique à Saint-Domingue; il savait parfaitement que les habitans de cette île étaient dans l'impuissance de subvenir au paiement de deux indemnités. Cela est si vrai qu'il doutait même de la possibilité, pour eux, de s'acquitter de celle qui leur était im-posée par l'ordonnance; et il cachait si peu ses craintes à cet égard, que, dans la discus-sion de la loi du 30 avril 1826, à la Chambre des Pairs, M. de Villèle a dit ces propres paroles : « Peut-être même l'indemnité sti-» pulée excède-t-elle les ressources de ceux

» qui se sont engagés à la payer (1). » Comment donc aurait-il voulu les charger d'un fardeau qu'il les savait incapables de porter? Comment aurait-il voulu faire contracter à cet état des obligations qu'il le connaissait impuissant à remplir?

Il n'en est pas d'un traité entre deux gouvernemens comme d'un acte entre deux individus. Dans une transaction entre particuliers, chacun cherche à faire sa condition meilleure sans se demander si les avantages qu'il stipule n'écraseront pas celui qui les consent, parce qu'après tout, ce qui pourra, en pareil cas, arriver de pis au créancier, sera de n'être qu'imparfaitement satisfait. Mais telle n'est pas pour un gouvernement la seule conséquence de l'insolvabilité de son débiteur.

L'administration, qui a souscrit les conventions non exécutées, voit par leur inexécution sa responsabilité engagée vis-à-vis du pays. Les deux Chambres demanderont compte au ministère de la légèreté avec laquelle il a traité, sans s'être assuré que l'obligé

(1) *Voy.* le *Moniteur,* et le *Code des Colons* de MM. Vanhuffel et Champion, pag. 205.

pouvait tenir ses promesses. Les administrés qui devaient profiter de l'accomplissement de l'acte éleveront des cris, et le presseront de faire valoir les engagemens qu'il avait obtenus. Il faudra qu'il se disculpe de son imprudence. Il faudra peut-être qu'il précipite son pays dans une guerre. Voilà les conséquences qu'une administration aperçoit à la suite de l'inexécution d'un accord où des conditions trop onéreuses ont été imposées à la nation débitrice. Le secrétaire d'Etat qui a contre-signé l'ordonnance du 17 avril était trop expérimenté pour ne pas les prévoir, et il était trop prudent pour s'y exposer. M. de Villèle et les membres de son administration savaient qu'Haïti ne pouvait pas faire plus que ce qui lui était prescrit par l'ordonnance; ils ne pouvaient donc pas vouloir davantage.

Si, d'ailleurs, il eût été dans l'intention de ce Ministère que les Français dépossédés conservassent une action individuelle contre les détenteurs de leurs biens, ne se fût-il pas entendu avec le gouvernement haïtien pour en régulariser et en faciliter l'exercice? Ne se serait-on pas accordé sur les règles à suivre dans l'instruction et le jugement de tant de

procès qui allaient naître? N'aurait-il pas
fallu se concerter pour l'adoption des bases
d'appréciation, et pour celle d'un mode d'exécution des condamnations? Car toutes ces
mesures eussent été d'une indispensable nécessité. Cependant rien de tout cela n'a eu
lieu. C'est donc évidemment que, dans la
pensée des contractans, le cas qui eût exigé
cette prévoyance ne devait pas se présenter.

Dira-t-on qu'il ne peut être question ici,
dans la double indemnité ou quoi que ce soit,
de l'action privée des anciens colons contre
les détenteurs actuels de leurs biens, puisque
la loi constitutive d'Haïti interdit le droit
de *propriété immobilière* à d'autres qu'*aux
seuls Haïtiens?*

Ce raisonnement viendrait confirmer notre
proposition au lieu de la combattre; car,
puisque chacun est légalement présumé connaître la capacité de celui avec qui il
contracte, comme, plus spécialement encore,
un État ne peut ignorer la loi constitutive
et politique de l'État avec lequel il fait un
traité, il résulterait clairement de l'objection, qu'en traitant avec la république
d'Haïti, le Gouvernement français a reconnu la dépossession légale des anciens

colons; ce qui implique bien la renonciation volontaire à leurs propriétés.

Mais pourquoi raisonner ainsi par voie de conséquence? Pourquoi établir par in-duction une volonté qui s'est officiellement manifestée? Le ministre des finances, dans son discours de présentation de la loi d'in-demnité coloniale, a formellement énoncé l'intention du Gouvernement; et il l'a mon-trée telle qu'on vient de faire voir qu'elle devait être. Voici comment parlait M. de Villèle en exposant les motifs de la loi à la Chambre des Députés :

« Dira-t-on que l'on eût pu exiger des avan-
» tages commerciaux supérieurs à ceux qui
» ont été stipulés? Nous ne pensons pas que
» personne puisse élever une pareille préten-
» tion; et, quant au montant de l'indemnité,
» voici les bases d'après lesquelles il nous
» semble juste de l'apprécier.

» En 1789, Saint-Domingue fournissait
» annuellement environ 150 millions de pro-
» duits. En 1823, elle avait fourni aux ex-
» portations en France pour 8,500,000 fr.;
» à celles en Angleterre, pour 8,400,000 fr.;
» à celles aux Etats-Unis, pour 13 millions

» 100,000 fr. Elle avait donc produit en-
» viron 30,000,000 fr.

» La moitié de ce produit a dû être absorbée
» par les frais de culture et autres charges de
» la propriété. Reste donc, pour la part des
» propriétaires du sol, un revenu net de 15
» millions.

» La valeur des biens dans les colonies se
» calcule sur dix années de revenu : 150
» millions nous ont donc paru la somme qui
» pouvait être exigée comme le montant de
» l'indemnité qui pouvait être due aux an-
» ciens colons auxquels la concession de l'in-
» dépendance du gouvernement d'Haïti en-
» levait la chance de recouvrer leurs proprié-
» tés par suite du rétablissement possible de
» l'autorité du Roi à Saint-Domingue. (1). »

La lecture de ce passage apprend assez quel
effet notre Gouvernement entendait donner à
la stipulation de l'indemnité des 150 millions.
Cette somme était considérée par lui comme
la représentation de la valeur des anciennes
possessions des colons ; elle en était donc le
prix à ses yeux. Et, par conséquent à ses

_____

(1) *Voy.* le *Moniteur* et le Recueil de M. Vanhuffel,
déjà cité.

yeux aussi, le gouvernement qui la payait devenait propriétaire de ces possessions. C'était un véritable marché à deniers débattus, où l'un donnait la chose, et où l'autre la recevait en retour de son argent.

Et aussi, voyez comme le ministre agissait conformément à l'idée de la consommation, sans retour de l'expropriation des indemnisés....! Dans l'ordonnance d'exécution qu'il fit rendre au Roi à la suite de la loi du 30 avril, il inséra un article 48 ainsi conçu : « Les titres » produits par le parties ou par les com- » missaires dv. Roi, ainsi que les pièces et » documens qui auront servi à la liquidation » des indemnités, et les rapports présentés » à la commission, resteront déposés entre » les mains du secrétaire en chef. La liqui- » dation consommée, tous les dossiers qui » s'y rattacheront seront, sur la réquisition » du commissaire du Roi et à la diligence » du secrétaire en chef, transmis aux archives » de la marine et des colonies, à Versailles. » Quelle meilleure preuve que notre Gouvernement considérait les colons comme ayant cessé d'être propriétaires? Pouvait-il les déclarer plus nettement destitués de tout droit sur leurs anciens domaines!

Au surplus, il n'est sûrement personne pour qui ceci soit un sujet d'incertitude; et la démonstration qu'on vient de donner a moins pour objet de dissiper les doutes, qui probablement n'existaient dans aucun esprit, que d'exposer d'une manière régulière et avec le développement convenable, la réclamation des anciens planteurs.

Pour quiconque avait lu l'ordonnance d'émancipation et la loi d'indemnité, surtout pour quiconque avait parcouru la discussion aux deux Chambres à l'occasion de cette affaire, il ne pouvait exister la moindre difficulté. Il y a même, on peut le dire, notoriété acquise à tous en ce point. Chacun, en France, est convaincu que l'ordonnance du 17 avril a valu aux Haïtiens ratification virtuelle de leur possession indue; parce qu'il serait impossible de comprendre autrement le but des conventions entre Haïti et notre pays, et la situation où les deux États se seraient placés vis-à-vis l'un de l'autre. Ici le domaine éminent de la couronne ne pouvait être séparé du domaine utile des citoyens : ordinairement distincts et indépendans l'un de l'autre, ils étaient indivisibles, dans le cas tout particulier qui nous occupe,

3

en ce sens que l'abdication de la souveraineté
entraînait, par la force invincible des choses,
aliénation de la propriété privée.

Cette prémisse une fois posée, la conséquence arrive facilement. Puisque notre Gouvernement a disposé de la propriété des colons, il est clair qu'il leur en doit le prix;
et, par autrui ou par lui-même, il faut qu'il
les en fasse jouir.

Cette conclusion tient à l'application d'un
principe si élémentaire, et elle en est déduite
d'une manière si évidemment juste, qu'elle
est peu susceptible de contestation. Cependant, il est deux objections qu'on doit réfuter
à l'avance, parce qu'elles ne manqueront
vraisemblablement pas d'être faites.

La première consisterait à dire que le Gouvernement français a agi en vertu d'un mandat
tacite de la part des anciens propriétaires qui
ne pouvaient agir pour eux-mêmes, qu'il a été
leur gérant, *negotiorum gestor;* que, d'ailleurs,
les colons en formant leur demande d'indemnité, en vertu de la loi du 30 avril, ont par
là même ratifié la mesure prise dans leur
intérêt et accepté le débiteur qui leur avait
été donné; qu'ils ont dû, dès-lors, se con-
tenter de ce débiteur, c'est-à-dire du gouver-

nement d'Haïti, et courir les chances de son insolvabilité, sans conserver de recours contre celui qui avait été l'intermédiaire de la transaction.

C'est là une argumentation dont il n'est pas difficile de découvrir la faiblesse. Admettons, en effet, l'existence d'un mandat tacite, en vertu duquel le Gouvernement français aurait disposé de la propriété des anciens colons, son obligation envers eux n'en serait point affaiblie. Celui qui, sans en avoir reçu la mission, s'arroge la gestion des affaires d'autrui, s'impose naturellement par là des devoirs plus étendus et plus sévères que ceux du mandataire ordinaire, et la loi positive n'est que l'écho de la raison et des anciens principes quand elle dit du *negotiorum gestor :* « Il contracte l'engagement tacite de continuer la gestion qu'il a commencée et de l'achever jusqu'à ce que le propriétaire soit en état d'y pourvoir lui-même : *il doit se charger également de toutes les dépendances de cette même affaire.* Il se soumet à toutes les obligations qui résulteraient d'un mandat exprès que lui auraient donné le propriétaire. » (Article 1372 du Code civil.)

Si donc le Gouvernement français avait

traité comme *negotiorum gestor* des colons, il
serait de son devoir de poursuivre cette gest-
tion jusqu'à la conclusion finale, c'est-à-dire
de procurer l'exécution des engagemens qu'il
a stipulés du gouvernement d'Haïti, et, par
suite, d'accomplir ces obligations lui-même,
dès qu'il renoncerait à y contraindre ce gouvernement par tous les moyens qui sont en
son pouvoir. Ainsi le veulent, comme on
vient de le voir, les règles élémentaires du
quasi-contrat de gestion d'affaires, et les
colons arriveraient, dans cette hypothèse,
au même résultat, avec d'autant plus de cer-
titude que, s'ils avaient donné un mandat exprès au gouvernement de pactiser pour eux,
il n'est pas permis de douter qu'ils n'eussent
voulu engager sa garantie personnelle à
l'exécution d'un traité semblable à celui qui
a été conclu.

Mais, il n'est même pas possible de présenter ici le Gouvernement comme le gérant
d'affaires des consultans ; car le quasi-contrat
de gestion d'affaires, comme le contrat de
mandat, suppose que le mandataire traite
non pas en son nom propre, mais au nom
de celui dont il administre la fortune. Or,
nulle part le Gouvernement français ne dé-

clare traiter au nom des anciens colons ; c'est
au nom du Roi que se sont ouvertes les
négociations ; c'est le Roi, comme chef de
l'Etat, qui rend l'ordonnance d'émancipation
de la colonie , qui stipule une indemnité
dont la destination annoncée n'empêche pas
que le Gouvernement français ait eu seul le
droit de la toucher et même celui d'en dis-
poser en maître, avant la loi qui a consacré
cette destination et l'a rendue obligatoire.

Ce qu'on vient de dire répond d'avance
à la prétendue ratification du traité contenu
dans l'ordonnance d'émancipation. Quelle
ratification les anciens colons de Saint-Domingue pouvaient-ils donner à une convention qui n'avait point été conclue en leur
nom et dans laquelle ils n'étaient point
parties ? Sans doute. ils ont réclamé leur
portion afférente de l'indemnité promise ;
mais, s'ils ont accepté ce faible dédommagement de ce qui leur fut ravi, c'est dans la
pensée que du moins ce léger débris de leur
opulence passée leur était assuré ; c'est dans
la conviction intime que le Gouvernement
français, qui avait disposé de leurs propriétés, était non-seulement garant, mais
débiteur direct de l'indemnité qui en repré-

sentait le prix. Ils n'ignoraient point, il est vrai, que ce n'était pas lui qui devait en faire les fonds. Ils savaient très-bien qu'il se les ferait fournir par un tiers : mais cette circonstance ne modifiait leurs droits en aucune sorte. Tout ce qu'il en résultait, c'est que la France devait en définitive les payer avec de l'argent qu'elle prendrait dans la bourse d'un étranger. Quant à eux, ils ne connaissaient point cet étranger; ils n'avaient point traité avec lui. Le Gouvernement, en laissant savoir qu'il recevrait de lui la somme promise, ne faisait point et ne pouvait pas faire de cette circonstance la condition de son propre engagement. Il n'y a rien dans les ordonnances, rien dans la loi, ni dans sa discussion, qui puisse faire supposer une condition semblable. On verra même tout à l'heure que le principe contraire a été solennellement proclamé à la Chambre des Députés.

Les colons n'ont donc pas cessé un instant d'avoir notre pays pour débiteur immédiat et direct; et s'il a lui-même un obligé en la personne du gouvernement d'Haïti, c'est à lui de s'en faire payer comme il l'entendra. Qu'il réussisse ou qu'il échoue, cela est légalement indifférent à ses propres créanciers, qui n'ont accepté aucune délégation de débiteur, et qui, l'eussent-ils fait, en auraient seulement acquis un second sans perdre le premier, suivant un principe élémentaire formellement consacré par l'art. 1275 du Code civil.

Laissant donc de côté cette objection, qui ne serait qu'une argutie peu digne de la gravité de la question actuelle, il faut en venir à l'examen du seul argument spécieux qu'il soit possible d'attendre de la part du Gouvernement français, dans le cas où il serait disposé à dénier son obligation. Voici probablement comment il raisonnerait :

Je n'ai, dirait-il, rien changé à la position des colons. Je n'y ai touché que pour l'améliorer ; je n'ai point sacrifié leurs propriétés, car leur dépossession, depuis long-temps irrévocable, était un fait à jamais consommé. Ce fait, ce n'est pas moi, ce sont les événemens qui l'ont accompli ; et loin de l'aggraver, j'en ai au contraire atténué les tristes conséquences, en obtenant pour ceux qu'il avait frappés un dédommagement qu'ils n'auraient pas eu sans moi. En un mot, je n'ai rien ôté aux colons, parce qu'il ne leur restait rien. Je n'ai donc engagé envers eux aucune responsabilité. Voilà sans doute quel serait le langage qu'on voudrait faire tenir au ministre des finances en réponse à l'action dirigée par les consultans contre le Trésor public.

Mais il y a une réponse à ce langage, et on ne craint pas d'avancer qu'elle sort invinciblement des développemens dans lesquels on est entré.

On croit avoir prouvé deux choses. L'une, c'est qu'avant le traité les Haïtiens n'avaient qu'une possession toujours vicieuse, quand même on l'aurait supposée inexpugnable; l'autre, c'est que, depuis le traité, ils sont devenus des maîtres légitimes, fondés à soutenir que la propriété avait été confirmée entre leurs mains par le pouvoir d'une autorité compétente. Voilà sans doute ce que personne ne saurait nier. Ainsi, il faut le reconnaître, notre Gouvernement a effacé aux yeux du monde et de la justice le stigmate d'illégalité qui était empreint sur la porte des héritages ravis : leurs possesseurs n'avaient que le fait; il y a joint le droit. Et pour les en investir, il l'a enlevé à ceux dont ce droit composait tout le patrimoine.

Maintenant il viendrait dire qu'en l'ôtant

à ces derniers, il ne les a privés que d'une chimère; que ce domaine idéal était un pur néant; qu'en le perdant, ils n'ont rien perdu; que celui qui les en a dépouillés ne leur doit rien, parce qu'il ne leur a rien pris!

Mais quand il serait vrai que leur propriété devait être pour eux un droit à jamais stérile, que ces tristes paroles iraient mal encore à la bouche du conseiller d'un Roi légitime! Quoi donc? le droit destitué de la puissance serait un néant à ses yeux, et il ne compterait la justice pour quelque chose de réel qu'autant qu'elle aurait l'appui de la force? Et ce serait là la doctrine que, du pied du trône du souverain le plus consciencieux de l'Europe, son premier serviteur professerait à l'univers? Ah! qu'il se tourne vers son maître, et il en recevra d'autres enseignemens. Lui aussi, ce noble prince, il a vu sa famille réduite à la nécessité de fuir sa patrie; pour elle aussi la propriété n'était qu'une abstraction de sa conscience, et quand fugitive et mutilée elle allait chercher dans les palais étrangers une hospitalité que ne trouvait pas toujours sa royale infortune, elle ne savait guère si cette abstraction se réaliserait quelque jour en un fait, si le Louvre se rou-

vrirait un jour pour recevoir les petits-fils
de Saint-Louis. Eh bien! qui aurait osé lui
dire alors que le sentiment de sa légitimité
n'était pas un patrimoine inviolable; et qui
ne pressent ce qu'aurait répondu l'exilé d'Hart-
well à celui qui eût essayé de lui démontrer
qu'on ne lui aurait causé aucun dommage en
lui ravissant le titre de Roi de France?

Non, non. Le droit aussi est une réalité,
la justice aussi est une puissance : ainsi l'a
voulu celui qui a ouvert notre cœur à la voix
de l'équité, et qui ne nous a pas donné pour
loi naturelle le code de la force. Et c'est ici
qu'on aperçoit la double erreur que contien-
drait l'argument qui est en ce moment com-
battu : c'est que le domaine légal demeuré
aux colons n'était pas seulement une propriété sacrée, c'était encore une propriété
utile, qui tôt ou tard devait porter ses
fruits.

Qu'on ne s'y trompe pas, un secret malaise
s'attache toujours à la jouissance usurpée; et
le ravisseur, au fond de l'ame, sent toujours
le besoin de faire sa paix avec celui qu'il a
dépouillé. A défaut de la voix de sa conscience, il est rare d'ailleurs qu'il n'entende
pas celle de quelque intérêt humain qui lui

parle le même langage. Aveuglés par les pré-
occupations de la vengeance et de la haine,
il est possible sans doute que les Africains de
Saint-Domingue se soient estimés peu cou-
pables d'avoir pris le champ du blanc qu'ils
avaient tué. Mais ils savaient du moins que
l'Europe ne croyait pas comme eux à l'inno-
cence d'une telle conduite, et qu'elle ne leur
en avait pas promis l'impunité. A la place de
l'agitation du remords, ils éprouvaient donc
au moins l'inquiétude de la crainte. Pressé
de la même frayeur, leur gouvernement sentait en outre le poids d'argumens d'un autre
ordre ; car les hommes éclairés qui le com-
posent sont au-dessus des passions de la
masse, et ne cèdent pas à l'entraînement des
mêmes préventions. Chefs et sujets, tout le
monde en Haïti savait donc la nécessité d'un
sacrifice et se résignait à le faire. La preuve
en est, pour l'administration, dans le traité
qu'elle a souscrit ; et pour les individus,
dans une foule de négociations particulières
qu'ils avaient déjà entamées avec les anciens
propriétaires, et que le traité seul a fait
rompre.

Qu'on ne dise donc pas que le droit des
colons était une vaine illusion ; il avait une

existence réelle. Il vivait, puissant par la double autorité du juste et de l'utile; menaçant pour ceux qui le violaient chaque jour sans pouvoir le détruire et sans cesser de le craindre; profitable pour ceux qui avaient cessé de l'exercer, mais qui le possédaient toujours, et devant plus ou moins promptement se convertir dans leurs mains en une propriété matérielle et productive.

Le gouvernement qui le leur a enlevé les a donc exclus d'un patrimoine certain et légitime; il leur doit dès-lors l'indemnité réclamée par l'équité naturelle, et assurée tout à la fois par la loi civile et par la loi fondamentale du pays.

On va montrer maintenant que cette indemnité est due encore à un autre titre.

§ II.

Obligation de l'Etat par suite de l'inaccomplissement de son devoir de protection envers les colons.

Le pacte social est un contrat commutatif entre la société et chacun de ses membres. L'individu aliène une partie de sa liberté, il

promet le sacrifice d'une portion de son patrimoine ; il s'engage même à faire celui de
sa vie, si un besoin impérieux le réclame.

En retour, la société lui assure la conservation de son existence, la disposition de
soi-même, la possession paisible de l'héritage
de ses pères ou du fruit de ses labeurs.

Telles sont les conditions de l'engagement
tacite qui lie réciproquement l'Etat et le particulier, parce que tel est le but pour lequel
les hommes vivent réunis sous des lois com-
munes ; et c'est en ces termes en effet que les
publicistes nous enseignent les devoirs mu-
tuels des citoyens et de la cité. « Dans l'acte
» d'association, dit Vattel, en vertu duquel
» une multitude d'hommes forment ensemble
» un état, une nation, chaque particulier
» s'est engagé envers tous à procurer le bien
» commun, et tous se sont engagés envers
» chacun à lui faciliter les moyens de pour-
» voir à ses besoins, *à le protéger et à le*
» *défendre* (1). »

Ainsi, tout citoyen menacé dans sa vie,
dans sa liberté, dans ses biens, a le droit
d'appeler ses concitoyens à son aide ; et si le

_____

(1) *Droits des gens*, liv. I, chap. 2, pag. 23.

mal n'a pu être prévenu, le pays doit au moins faire tout ce qui est en son pouvoir pour en procurer la réparation. Alors, quand le dommage a été causé par un individu, il a la force des lois, et quand le tort vient du fait d'une puissance, il a celle des armes. Dans ce dernier cas, sans doute, une guerre est une extrémité fâcheuse ; sans doute il n'y faut recourir qu'après avoir épuisé tous les moyens amiables, et le bruit du canon ne doit se faire entendre qu'après que la voix des négociateurs a vainement parlé : mais cette dernière raison des États, *ultima ratio regum*, doit être employée dans l'impuissance des autres. Il y a obligation rigoureuse pour une nation de faire rendre justice au nom de la force lorsqu'on ne peut l'obtenir au nom de l'équité ; autrement le contrat social serait violé, le citoyen en aurait supporté les charges sans en ressentir les avantages.

Cette obligation est si constante et si bien reconnue par les gouvernemens, qu'elle a amené dans le code de leur droit public, l'établissement d'une espèce particulière de guerre, savoir, celle qui a lieu par l'exercice du droit de représailles : on sait en quoi ce droit consiste. Quand une nation ne se trouve pas en mesure d'armer à l'appui de la querelle du sujet offensé, elle délègue ses pouvoirs à ce sujet lui-même ; elle lui permet de faire la guerre avec ses propres moyens et de saisir, jusqu'à concurrence du dommage par lui ressenti, des propriétés appartenant aux sujets du gouvernement offenseur.

Tous les publicistes reconnaissent la légalité d'une pareille mesure ; et les règles relatives à son application ont été tracées avec détail par le titre 10, livre 3, de l'ordonnance de la marine, du mois d'août 1681, qui, n'ayant jamais été abrogée en ce point, a encore aujourd'hui force de loi. Il a été plus d'une fois usé du droit que cette ordonnance consacre ; et on peut voir dans les recueils de Jurisprudence, et notamment dans le *Code des Prises*, de Lebeau, l'indication chronologique des cas nombreux où elle a été mise à exécution.

Il en est un exemple récent, d'autant plus remarquable, que les représailles furent autorisées, dans cette espèce, à l'occasion d'une perte mobilière et non éprouvée sur mer. Le décret qui les permit, en date du 15 février 1793, est ainsi conçu :

« La Convention nationale ayant entendu

» le rapport de son comité diplomatique,
» sur la pétition du capitaine Joseph Cau-
» dier, citoyen français, natif de Marseille;
» considérant que ledit Caudier n'a cessé,
» depuis 28 ans, de réclamer devant les
» tribunaux et près du gouvernement génois
» un jugement définitif qui lui assurât la
» recouvrement de ses créances sur Pozzo
» et Buggiano, négocians de Gênes; que la
» réclamation portée au gouvernement gé-
» nois par le chargé d'affaires de France,
» en exécution du décret de l'Assemblée lé-
» gislative du 24 juin dernier, n'a pu faire
» cesser le déni de justice, et ramener ce
» gouvernement à l'observation des prin-
» cipes consacrés par le droit des gens, et
» établis sur la réciprocité des intérêts des
» nations; — décrète, qu'il sera expédié à
» Joseph Caudier, par le conseil exécutif
» provisoire, des lettres de représailles (1). »

Ces monumens ne laissent aucun doute sur l'étendue de la protection due par chaque État à ses sujets; et sur l'obligation d'exercer cette protection par les armes, quand la né-cessité le veut ainsi.

(1) *Répertoire* de MM. Guyot et Merlin, v° *Repré-sailles.*

Toutefois il faut reconnaître que cette obligation n'est pas absolue, et qu'elle se modifie suivant les circonstances. Comme le salut général est la loi suprême, et que l'intérêt d'un seul ou de quelques uns doit fléchir devant celui de tous, la nation dont un membre a été lésé par une puissance étrangère, a le droit d'examiner si la guerre qu'elle entreprendrait ou les représailles qu'elle autoriserait afin de le venger n'auraient pas pour elle-même des conséquences trop graves; et il lui est permis de s'en abstenir, s'il lui semble que la prudence lui en fasse une loi. On ajoutera même que le gouvernement est alors seul juge de la question, sauf la responsabilité encourue par l'administration qui la décide, et que le particulier n'a aucune action pour attaquer la résolution adoptée.

Mais il faut dire aussi que, quand dans son intérêt propre, l'état exerce vis-à-vis du citoyen cette espèce de déni de justice, il lui doit le dédommagement du préjudice qu'il lui laisse éprouver; car sous une forme ou sous une autre, il faut qu'il accomplisse son obligation; et s'il ne l'exécute pas en nature, elle se résout en dommages-intérêts. Telle

4

est la loi générale des contrats applicable aux
transactions des peuples, comme à celles
des individus. Il n'y a en pareil cas, pour
établir la dette, qu'à reconnaître deux choses,
savoir, 1º si le réclamant est fondé, c'est-à-
dire, s'il a éprouvé un dommage injuste ;
2º si l'état est assez riche pour l'indemniser,
et jusqu'à quel point il en a les moyens.

Or, si l'on examine ces deux questions
vis-à-vis des anciens colons, on les voit
immédiatement se résoudre à leur avantage ;
et il ne sauroit à cet égard s'élever la moindre
difficulté.

Que les Français de Saint-Domingue aient
été chassés de leurs héritages par la plus injuste comme par la plus atroce de toutes les
violences, c'est apparemment ce que personne n'oserait nier ; et on ne sache pas que
jamais une voix se soit fait entendre pour justifier leur dépossession. Qu'ils aient fait tout
ce qui dépendait d'eux pour repousser cette
spoliation, et qu'il n'y ait à leur reprocher
aucune négligence ni aucune faiblesse dans
la défense de leurs patrimoines, c'est aussi
sans doute ce que nul ne voudrait contester ;
et l'histoire de leurs combats et de leurs
souffrances est encore assez récente pour

être présente à tous les esprits. Ainsi, réparation leur est due par notre pays, qui déclare ne pas vouloir se battre pour la leur faire avoir, et stipule des avantages commerciaux pour prix de sa renonciation à la guerre : cela n'est pas douteux.

. A présent, la France, tenue de cette dette, est-elle assez riche pour l'acquitter ? C'est là une question qui n'en est pas une, et sûrement tout le monde conviendra que nous avons bien le moyen de payer 120 millions qui leur restent encore à recevoir. On doit se dispenser d'entrer à ce sujet dans aucune explication ; car la notoriété de nos ressources suffit à la force de l'argument, et ce n'est point la tâche du jurisconsulte d'indiquer à l'administration des expédiens financiers.

L'État doit et peut payer, il faut donc qu'il paie : c'est ensuite l'œuvre du Gouvernement d'aviser aux combinaisons les plus utiles pour effectuer sa libération.

Mais on le répète, il est chargé d'une obligation sacrée ; d'une obligation qui a son fondement dans les principes mêmes de la constitution des sociétés, et qui ne saurait être méconnue sans y porter un ébranlement funeste.

Les considérations les plus puissantes se joignent au sentiment du devoir pour en prescrire l'accomplissement; et il est facile d'apercevoir la foule de raisons accessoires qui se joignent aux deux raisons principales dont l'exposition vient d'être faite.

On ne parlera point du besoin de maintenir l'intégrité du droit de propriété, de la nécessité de consolider cette base sur laquelle repose l'édifice social. On ne dira point combien il importe à la prospérité publique que les citoyens soient sûrs de ne pas voir le sol de leurs possessions se dérober sous leurs pieds, ou du moins se tiennent pour certains que le cataclysme qui l'emporterait ne passerait pas sans vengeance ou sans réparation. On ne dira point combien il est essentiel au crédit du Gouvernement, à la puissance de son action sur les administrés, d'établir dans les esprits cette opinion que la force de tous sera toujours prête à secourir la faiblesse de chacun, et que la main du Roi de France ne manquera jamais de s'étendre sur le Français qui aura élevé vers lui le cri de détresse.

On ne fera pas sentir combien la majesté du monarque serait compromise si le traité

dans lequel il est intervenu, qui a été sti-
pulé en son nom, pouvait demeurer sans
accomplissement, et qu'elle atteinte sa di-
gnité recevrait à la face de l'Europe, si l'idée
seule de sa présence à la formation d'un contrat pouvait n'être pas une garantie de l'exécution des engagemens réciproques. On ne
montrera pas combien il serait inconvenant
pour lui d'avoir paru vouloir porter remède
à la misère des colons, sans l'avoir réellement
soulagée, et de n'avoir fait en leur faveur
que substituer une éventualité à une autre.

On ne rappellera pas que le pays est d'autant plus engagé envers ces Français malheureux, qu'il est la cause première de leurs
misères, et que Saint-Domingue serait encore
aujourd'hui une colonie paisible de la France,
si une exaltation insensée n'eût, du milieu
de nous, jeté par-delà les mers ces paroles
incendiaires auxquelles les noirs répondirent
par les cris de la révolte.

On ne retracera pas l'affligeant tableau de
la détresse de nos infortunés compatriotes.
On n'évoquera pas le souvenir de quarante
années d'indigence, pendant lesquelles ils
eurent à souffrir la faim, le froid et les hu-
miliations de la pauvreté, plus cruelles que

les besoins physiques. On ne dira pas que cette position affreuse se trouvera encore aggravée par le traité, si les conditions n'en doivent pas être remplies, parce qu'il a été pour eux l'occasion de nouvelles charges qu'ils n'auraient point contractées s'ils n'eussent compté sur son accomplissement; parce qu'ils ont engagé des procès, souscrit des transactions, fait des frais de toute espèce pour se mettre en mesure de réclamer, pour soutenir leurs réclamations, pour justifier de leurs qualités, pour obtenir des mains-levées; parce que des créanciers, qui jusque là les avaient laissés tranquilles, se réveillent aujourd'hui à l'idée du retour de la solvabilité de leurs débiteurs, et n'attendent pas, pour recommencer leurs poursuites, que les moyens de payer aient été véritablement reconquis.

Enfin, on ne comparera pas le sort des anciens planteurs avec celui des émigrés, et pourtant il serait facile de montrer que les premiers n'ont pas moins de droit que les seconds à un grand acte de justice nationale; car tout en rendant hommage à la générosité du sentiment qui l'inspira, on a pu être divisé sur le mérite de la résolution qui porta des Français à s'éloigner de leur patrie.

Mais, pour les colons, point de réflexion semblable, point de dissentiment
possible, aucune loi ne prononça leur spoliation ; elle fut l'unique ouvrage de la violence, et d'une violence à laquelle la mère-
patrie, quoique involontairement sans doute,
ne fut pourtant pas étrangère : pour eux, l'exil
ne fut pas l'effet de leur libre choix, mais celui
de la nécessité la plus invincible ; car il fallait
bien qu'ils abandonnassent une terre qu'ils ne
pouvaient plus défendre, et où il ne leur
était plus permis d'attendre que la mort.

Toutes ces réflexions sont graves, et
doivent peser avec force sur l'esprit de
quiconque cherche à se faire une opinion
dans cette grande cause. Mais il en est deux
autres qui sont plus décisives encore, et
auxquelles on ne comprendrait pas que les
chefs de notre administration fussent in-
sensibles ; car elles ont l'une, l'évidence
même de la justice, et l'autre, celle de l'intérêt politique de l'Etat.

La première sort de cette circonstance que
le traité entre nous et Saint-Domingue a
été fait autant au profit de la France qu'à
celui des colons ; et qu'ainsi dans cet accord,

non-seulement notre pays a sacrifié leurs propriétés, comme on l'a montré en commençant, mais qu'il a encore retiré de ce sacrifice un avantage personnel. En effet, en négociant avec Haïti on n'avait pas seulement en vue d'obtenir une indemnité aux Français dépossédés; on voulait encore préserver nos autres colonies de la contagion d'un funeste exemple, assurer à notre commerce dans l'île émancipée des conditions plus favorables que celles qui y étaient accordées aux autres nations, et nous épargner le chagrin de voir cet état naissant chercher une protection étrangère, qui aurait été presqu'une hostilité contre nous.

Tels étaient, de fait, les motifs qui, avec celui de pourvoir aux nécessités des colons, ont déterminé le Roi à signer l'ordonnance d'émancipation. Aussi le préambule de cette ordonnance donne-t-il pour premier considérant « l'intérêt du commerce français; » et le rapporteur à la Chambre des Députés disait-il en justifiant la mesure : « L'état des choses » tel qu'il existait depuis que les habitans de » Saint-Domingue se sont déclarés indépen- » dans avait des dangers qui, plus d'une fois,

» ont donné de l'inquiétude sur le sort de nos
» autres colonies (1). »

Et ce n'était point là une crainte chimé-
rique; car on sent qu'Haïti, tourmentée à
notre égard par la peur et par la haine tant
qu'elle n'avait pas obtenu notre pardon, pouvait fort bien chercher à satisfaire ce double
sentiment à la fois, en suscitant dans nos
possessions voisines des insurrections dont
l'effet eût été de nous les faire perdre, ou du
moins d'agrandir pour nous la tâche d'une
expédition d'outre-mer. En traitant avec
elle, et en lui délaissant à cet effet les biens
de nos compatriotes, le Gouvernement agissait donc en partie pour le bénéfice de l'État;
et par conséquent l'État doit le prix de ces
biens qui ont été aliénés à son profit.

Il faut d'ailleurs qu'il acquitte cette dette,
s'il ne veut pas qu'un autre la paie à sa place,
et à son grand préjudice : et c'est ici la seconde réflexion annoncée, dont la gravité va
être en un moment sentie. La possession
de Saint-Domingue a toujours été un objet
d'envie pour toutes les grandes nations com-
merçantes des deux hémisphères. A défaut de

(1) Recueil de MM. Vanhuffel et Champion, p. 100.

sa souveraineté, des avantages exclusifs dans
le trafic avec ses ports sont singulièrement
ambitionnés : l'Angleterre et les Etats-Unis
tour à tour ont fait de grands efforts pour s'assurer au moins ce dernier partage; et l'immi-
nence seule de notre vengeance avant le traité
les a peut-être empêchés de parvenir à ce but.

Or, maintenant il y a pour eux un moyen
facile d'y arriver, si nos colons ne sont pas
désintéressés : c'est d'acheter leurs droits.
Maître alors de dicter des lois à sa débitrice
hors d'état de payer, le gouvernement ces-
sionnaire obtiendra d'elle tout ce qu'il en
voudra exiger; on s'emparera même du territoire, sous prétexte de se remplir par là de
sa créance : nous ne pourrons pas nous y
opposer, parce que, dans le fait, le créancier
ne fera que poursuivre ses droits, ou du
moins, si nous croyons pouvoir puiser un
principe d'intervention dans la conservation
des conditions stipulées pour nous par l'ordonnance d'émancipation, toujours sera-t-il
que notre position se trouvera singulièrement compliquée, et que nous aurons deux
adversaires au lieu d'un seul. Haïti au pouvoir d'un gouvernement étranger, et la guerre
avec son maître ou la violation impunie des

engagémens envers nous contractés ; voilà
des objets de nature à faire naître de sérieuses
réflexions dans l'esprit de nos ministres.

Mais quoi? est-il donc besoin de tant d'argumens pour parvenir à les convaincre ; et
n'existe-t-elle pas à l'avance dans leurs ames,
cette conviction que les colons s'efforcent d'y
porter? Au milieu d'eux siége un loyal serviteur de la couronne, par qui fut proclamée
à la tribune des députés l'opinion qui vient
d'être soutenue ; et cette manifestation de
principe doit prendre place à la fin de notre
discussion, comme la confirmation la plus
puissante qu'elle puisse recevoir.

Lorsque l'article 1er fut mis en débat à la
Chambre élective, M. de Cambon proposa d'y
ajouter un paragraphe ainsi conçu : « La
» somme de cent cinquante millions affectée
» par l'ordonnance du 17 avril 1825, aux
» anciens colons de Saint-Domingue, sera
» répartie entre eux intégralement et *sans*
» *aucune garantie.* »

Alors se leva M. Hyde de Neuville, et il dit :
« Décider, comme le demande M. de Cam-
» bon, que l'État ne garantit aucunement
» l'indemnité aux colons, ce serait les mettre
» hors la Charte, hors la loi fondamentale.

» Expropriés par l'État, ils ont droit à ce
» que l'État leur garantisse l'indemnité appli·
» cable à cette expropriation. »

Sur cette observation, la proposition de
M. Cambon fut rejetée (1).

On n'ajoutera rien à cette citation; elle
parle plus haut que tout ce qu'on pourrait
dire; elle contient la profession de foi de
l'honorable représentant aujourd'hui ministre ; elle contient surtout la volonté de la
Chambre sur l'effet de la loi alors délibérée.
Il ne fut élevé d'objection par aucun des
ministres de cette époque, et les principaux
d'entr'eux étaient présens à la séance où se
passa le fait rapporté. C'est donc là que se
trouve l'explication des engagemens contractés par le pays envers les colons; et la
garantie en ce moment réclamée par eux,
n'est pas seulement la conséquence de rai-
sonnemens invincibles, elle a été formellement promise par le vote de la législature.

Et comment ne l'aurait-elle pas été? l'indemnité stipulée du gouvernement d'Haïti repré-
sente tout au plus, pour les anciens colons,

(1) *Moniteur* et Recueil de MM. Vanhuffel et Champion, pag 168.

le douzième de la valeur de leurs propriétés ; et si l'on en distrait les frais inévitables que chacun d'eux a dû faire pour justifier ses droits, on peut affirmer qu'elle n'équivaut pas à la quinzième partie de ce qu'ils ont perdu depuis tant d'années. Ce n'est donc qu'un léger dédommagement qu'on leur accordait pour prix de leur expropriation consommée sans retour par l'émancipation de la colonie ; ce n'est qu'une insuffisante et minime réparation d'un grand désastre, *exigua ingentis solatia luctûs.* Et lorsque, cédant à la pressante voix du besoin, ils ont accepté avec confiance et résignation ce trop foible soulagement offert à leur misère ; la France, qui a légitimé leur dépossession et solennellement renoncé à en demander justice, la France, qui, par cette abdication volontaire d'un droit qui était un devoir pour elle, s'est à la fois exonérée du fardeau d'une guerre, et enrichie d'un traité fructueux pour son industrie et son commerce, la France se serait réservée la liberté d'éluder cette dette sacrée, sous prétexte des retards ou des refus du gouvernement d'Haïti dans l'exécution des engagemens qu'il a pris envers elle ! !

Non, telle ne pouvait être, telle ne sera jamais la pensée de la représentation nationale, protectrice naturelle de la propriété. Telle ne saurait être non plus la volonté du Monarque; réparateur de tant d'infortunes, il ne laissera pas sans consolation celle qui fut à la fois la plus grande et la plus imméritée.

Délibéré à Paris le 15 avril 1829, par les avocats aux conseils du Roi et à la Cour de Cassation, et par les avocats de la Cour royale, soussignés.

DALLOZ.

Delagrange, Hennequin, Dupin jeune.

Ont adhéré MM. Billecocq, Guichard père, Duranton, Nicod.

L'ancien avocat soussigné adhère à la consultation ci-dessus, comme établissant le droit que les anciens colons de Saint-Domingue ont d'être garantis par le Gouvernement français du paiement de l'indemnité que le gouvernement a stipulée en leur faveur par l'ordonnance d'émancipation de la colonie.

Delacroix-Frainville.

Les soussignés adhèrent à la résolution de la consultation. Ils voient, dans le fait incontestable de la dépossession des colons, par suite du traité consenti par la
France, le principe d'un droit à une indemnité.

ODILON-BARROT, BARTHE.

Les colons étaient propriétaires; ils ont été dépossédés
de fait; le Gouvernement français a reconnu cette dépossession en droit; il a, stipulant dans l'intérêt des
colons, accordé cette reconnaissance à titre onéreux, et
moyennant une indemnité de 150 millions destinée aux
anciens propriétaires. Il y a donc ici, de la part de
l'État, sacrifice du droit des colons, aveu que ce sacrifice appelle une indemnité, évaluation de cette indemnité. Si elle devenait illusoire, évidemment il y aurait
lieu à recours contre l'État, qui ne peut avoir, dans
l'intérêt de ses propres convenances, aliéné les droits des
tiers, sans les récompenser ou les faire récompenser de
cette aliénation.

BERVILLE.

LES CONSEILS SOUSSIGNÉS déclarent adopter, avec la plus
entière conviction, la solution donnée dans la consultation
ci-dessus à la grande et importante question de la responsabilité du Gouvernement envers les colons de Saint-
Domingue.

Les conseils adhèrent pleinement à ce résultat de la
discussion, que l'État est directement obligé envers les
colons par cette double raison fondamentale :

1° Que le Gouvernement, encore bien que la spoliation des propriétés de Saint-Domingue fût consommée long-temps avant l'ordonnance d'émancipation, était, d'après la nature des choses et les principes reconnus du droit public, tenu de garantir aux colons, et, au besoin, de leur faire restituer ces propriétés, en leur qualité de membres de cette association générale dont il est le chef et le protecteur nécessaire.

2°. Que le Gouvernement est tenu, à plus forte raison, de cette garantie et de cette restitution, puisque de son propre fait il a consenti l'aliénation de droit de ces mêmes propriétés, ce qui résulte, non-seulement comme l'établit avec tant de force la discussion de M. Dalloz, de toutes les circonstances de ce grand événement et des déclarations explicites des organes du trône dans les débats législatifs, mais encore du texte même de l'ordonnance d'émancipation, qui porte, article 2, *que les 150 millions sont destinés à dédommager les anciens colons qui réclameraient une indemnité.* Il est évident par là, d'un côté, que l'État reconnaît officiellement le droit des colons à cette indemnité, c'est-à-dire à ce *prix* de leurs propriétés ; d'un autre côté, que l'État encore, en stipulant le prix de l'aliénation, a directement consenti cette aliénation même ; et que dès-lors, et par une conséquence forcée, il est devenu responsable de son fait envers les colons.

Rennes, le 30 avril 1829.

BERNARD, TOULLIER.

PARIS, DE L'IMPRIMERIE DE Mᵐᵉ Vᵉ AGASSE,
RUE DES POITEVINS, N° 6.

www.ingramcontent.com/pod-product-compliance
Lightning Source LLC
Chambersburg PA
CBHW070811210326
41520CB00011B/1917